ikigai

MINUÉ YOSHIDA

WordPower Book Series - Edición Español

© Copyright 2022, Fig Factor Media, LLC.
Todos los derechos reservados.

Todos los derechos reservados. Ninguna parte de este libro puede ser reproducida por procedimientos mecánicos, fotográficos o electrónicos, ni puede ser almacenada en un sistema de recuperación, transmitida en cualquier forma o copiada de otra manera para uso público o privado sin el permiso escrito del propietario del copyright.

Se vende con el entendimiento de que el editor y los autores individuales no se dedican a la prestación de asesoramiento psicológico, legal, contable o de otro tipo profesional. El contenido y los puntos de vista de cada capítulo son la única expresión y opinión de su autor y no necesariamente las opiniones de Fig Factor Media, LLC.

Para más información, póngase en contacto con:

Fig Factor Media, LLC | www.figfactormedia.com

Diseño y maquetación de la portada por Juan Pablo Ruiz
Impreso en los Estados Unidos de América

**ISBN: 978-1-957058-46-7
Library of Congress Control Number: 2022911331**

DEDICATORIA

Antes que nada, le dedico este libro a la persona más importante del multiverso: Ethan.

Soy la Wonder Woman, así que le tengo miedo a muy poquitas cosas; y cuando lo tengo, hago las cosas a pesar de ello. Este es el verdadero significado de valentía. Sin embargo, debo aceptar que uno de mis miedos era que mi hijo no fuera feliz. Temía que yo no fuese capaz de enseñarle que la felicidad no es el destino, sino el camino, que no es un estado fijo sino circunstancias en movimiento, que no está afuera sino dentro de nosotros mismos, que no se trata de hacer lo que queramos sino amar lo que hacemos, que no se trata de recibir, poseer o adquirir, se trata de dar, compartir, y crecer; que no hay que acumular, sino dejar ir; que el ego es nuestro verdugo, y el dolor nuestro maestro; y que el amor es servicio, perdón, y gratitud. Ahora ya no es mi miedo, yo sé que él sabe a su corta edad cuál es su Ikigai. Sé que lo va a perseguir y sé que será feliz. Estoy en paz.

AGRADECIMIENTOS

A mis padres, porque gracias a ellos, yo siempre fui quien quise ser, impulsada por ellos. A mi madre, porque cuando yo decía: "quiero un pedacito de luna", ella iba y me la traía entera. A mi padre, porque siempre me dijo: "eres mucha pieza" (como la reina del ajedrez), dándome la seguridad de ir por la luna yo misma sin titubeo alguno.

A mis hermanos(as), cuñados(as) y sobrinos(as), quienes son mi inspiración y más grande tesoro, ellos son la fuente de mi fortaleza.

A mi gringo favorito y compañero de vida. Gracias Jason por ser el apoyo más grande, por impulsarme a perseguir mi Ikigai y convertirte en luz, alas, viento y por volar conmigo.

A mis hermanas de corazón: Raquel, Assia, Janine, Kathy, Yunna, Quika y a mi socia Angie, mi mejor milagro.

A Jackie por creer en mi cuando yo misma no lo hacía, a mis mujeres de Siempre Listas, a las curanderas de MagiX, a mi suegra, a mis amigos de la escuela y mis trabajos anteriores, a mi equipo de Yoshida Academy que son lo máximo, y a la humanidad entera en busca de su propósito.

Que todos hagamos que las cosas pasen.

INTRO

Cuando era niña, escuché a mi papá mencionar la palabra Ikigai, como un modo de explicación sobre "el llamado" de cada quién. No lo entendí en aquel entonces, pero ahora de grande lo entiendo más allá de lo que jamás me imaginé.

Mi papá es médico, y alguien le preguntó en algún momento por qué había estudiado medicina. Esta es la historia que nos contó:

Era solo un adolescente cuando iba cruzando la Avenida Revolución, en la Ciudad de México, iba a la escuela con su hermano. La avenida tenía dos vías, su hermano se cruzó sin ver en ambas direcciones, y al pasar al siguiente carril, un tranvía - que iba a toda velocidad- le pasó en frente a solo unos centímetros de distancia. A modo de reflejo, su hermano puso sus manos al frente y la inercia del tranvía hizo que se golpeara la cabeza con tal fuerza que se fracturó. Él sostuvo a su hermano en brazos y gritaba "¡un médico!", "¡auxilio!", pero nadie llegó. Pasó mucho tiempo antes de que llegara la ambulancia. Su hermano se salvó, pero quedó con una lesión grave. Mi padre nunca se sintió más impotente en su vida. Ese día juró ser médico y salvar vidas.

¿Has sentido algo así? Algo pasa y de pronto tienes una claridad inequívoca de algo que debes hacer en tu vida. ¿Lo has experimentado? Si es así, ¡felicidades! El Universo te ha hablado y has escuchado. Y si no, entonces prepárate para este viaje a tu interior, te llevaré a que te escuches y descubras algo que siempre has sabido: tu propósito.

TU IKIGAI SE MANIFIESTA

A mi padre su llamado le llegó de modo abrupto, dramático e impetuoso. A algunos nos llega como un juego, a otros como una cosa que "nos gusta mucho hacer", a unos más como un murmullo, y hay quienes lo reciben como una alarma de guerra estruendosa a la cual hay que atender con urgencia.

Más allá de tu misión, que te busca y que con toda certeza te encuentra, existe algo más que te lleva a un estado de dicha profunda.

Por ahí alguien me preguntó: "¿Crees que todos tenemos un propósito?" y mi respuesta fue un SI total. Hasta la hormiguita más pequeña tiene un propósito al existir. Le corresponde mover un granito de arena que bien puede ser el que sostenga la obra o la derribe. Todas las criaturas tenemos una finalidad, independientemente si la conocemos o no. Algunas personas se concientizan de ello desde muy pequeños y se convierten en genios, hay quienes lo sabían y lo sintieron, pero pensaron que era absurdo, un sueño nada más, otras tantas tristemente lo descubren ya muy tarde y terminan sus días diciendo "siempre quise hacer aquello".

Todos, ABSOLUTAMENTE TODOS, tenemos un llamado, una misión, una vocación, una pasión... un motivo. ¿Cuál es el tuyo?

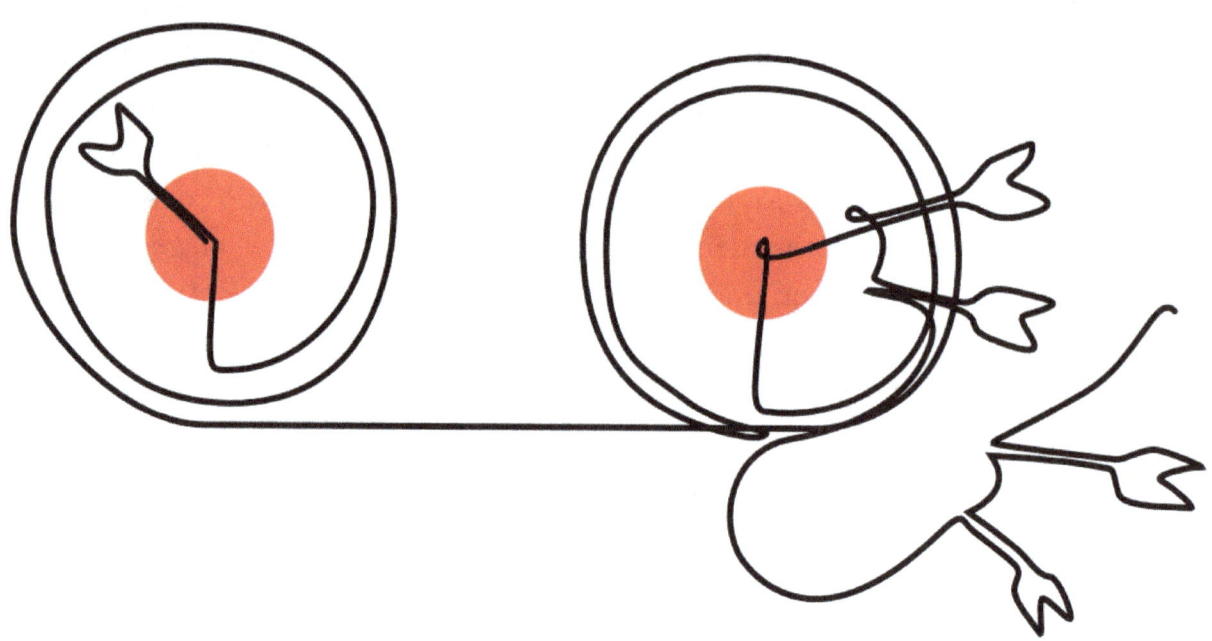

¿CUÁL ES TU POR QUÉ Y PARA QUÉ?

Observa las dos imágenes de esta ilustración. ¿Cuál es la diferencia entre la primera y la segunda figura?

En el primer caso, la persona sabía **cuál era el objetivo**; y en el segundo, no. Cuando tenemos claramente una visión del tiro al blanco y practicamos nuestra puntería, incrementamos las posibilidades de darle justo en medio. Cuando no está tan claro y no tenemos destreza, no nos preparamos, no practicamos hasta dominar la habilidad, seguimos fallando a nuestras metas. Fallándonos a nosotros mismos.

Para muchas personas la felicidad, el amor y el éxito son cosa de suerte que se consiguen "atinándole"; pero para otras, se obtienen "enfocándose".

Si sabes el por qué y el para qué, entonces el cómo, el cuándo y dónde, llegarán solos.

¿DE DÓNDE SURGE EL CONCEPTO DE IKIGAI?

Se origina en Japón. Es un concepto milenario, cuyo dato más antiguo marca el período Heian entre los años 794 y 1185 AC. Además, mi papá me lo enseñó de niña, incluso todavía guardo el papel escrito con su máquina de escribir mecánica. A él se lo enseñó su padre, y a su vez sus padres, y así sucesivamente; Así que, si alguien dijera que se inventó en este siglo, es erróneo.

En el año 2001, Akihiro Hasegawa intentó explicar en qué consiste el concepto y lo hiló a la longevidad y a la felicidad de los japoneses. Hay otra publicación, en 1966, de Mieko Kamiya "Ikigai Ni Tsuite" (significado de la vida), considerada la Pionera de la Psicología Ikigai.

Existen más publicaciones del significado de Ikigai, por ejemplo, Ken Mogi escribió "El pequeño libro de Ikigai", y Yukari Mitsuhashi publicó "Ikigai – Dándole a la vida alegría y significado". Uno de los más recientes es el de Noriyuki Nakanishi de 1999 en la Universidad de Osaka, quien dice que el Ikigai es un estado mental en el cual nos encontramos en paz y tranquilidad.

Hay otras palabras que utilizan la raíz "gai" como yarigai (el valor de hacer), o hatarakigai (el valor de trabajar). Ambos conceptos son muy importantes en la cultura japonesa, están basados en creencias de limpieza, orden, disciplina, honestidad, lealtad, calidad, enfoque, sencillez, resiliencia y honor ante todo.

生きがい

Concepto japonés que significa "La razón de existir"

¿QUÉ ES IKIGAI?

Hagamos un acuerdo: No existe una traducción exacta, no tenemos el nombre de su autoría, no sabemos la fecha exacta de su inicio, tampoco nos consta quién inició el concepto como tal; pero sí podemos aceptar que TODO está en evolución. Ahora lo entendemos mejor gracias al Diagrama de Venn que reúne las definiciones de Propósito con una presentación del libro de Andrés Zuzunaga (2011) y el bloguero Mar Winn. Lo importante es que gracias a esta accidental y muy atropellada confusión, el mundo entero puede entender con mayor facilidad un concepto tan abstracto.

Así que por motivos de estudio y procurando no caer en una discusión de autorías y orígenes, acordemos lo que sí es, y lo que sí se entiende por Ikigai:

生き甲斐
Iki – del verbo Ikiru – vivir
Gai – valor – el sentido de algo

IKIGAI INCLUYE:
- Propósito de vida
- BLISS – dicha máxima
- Fuente de alegría, inspiración, satisfacción y sentido
- Voluntad de autorrealización
- Sentido de logro cotidiano
- Motivación para levantarnos todos los días
- Sentido de existencia
- Dirección a futuro, visualización

Dice Hasegawa, et al: "… es el sentido de estar vivos aquí y ahora, la conciencia individual que nos recuerda el motivo por el cual existimos."

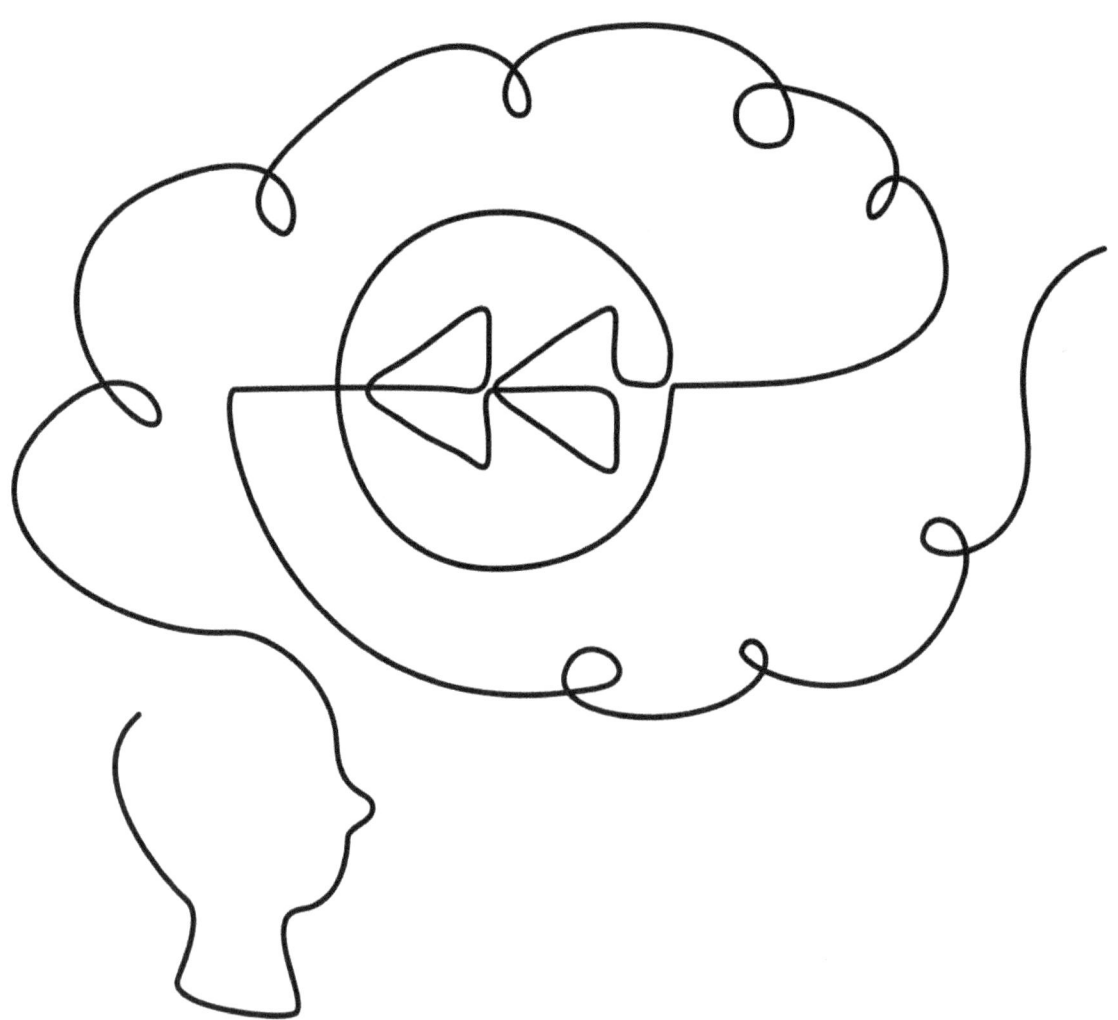

UNA AVENTURA LIBRE

Imagina que tienes la oportunidad de **presionar un botón y reiniciar tu vida**; que no tienes que esperar a que alguien te despida de tu trabajo para **empezar de nuevo**; que no importa qué edad tienes, qué estudiaste, en dónde trabajaste, qué experiencia tienes, cuánto ganas, si tienes empleo o no, en dónde vives, cuánto tienes y otros factores que solemos anteponer a nuestros sueños. Piensa que nada de eso es un impedimento para este viaje.

Permítete navegar durante este proceso lo más puro posible, lo más "alucinado" que se pueda. Aunque te cause risa, quizá un poco de frustración, o tal vez no le encuentres sentido en estos momentos porque vives en una realidad tan cruda que has olvidado soñar con los ojos abiertos.

Permíteme acompañarte en **esta aventura** en la que no le vas a pedir permiso a nadie para nada. No vas a preguntarle a la gente qué opina, si es posible o no, si creen que lo puedes hacer o no. Es un recorrido individual en donde te vas a **visualizar libre de juicios, prejuicios, críticas, y puntos de vista no solicitados**.

Posteriormente, te haré algunas preguntas y es vital que las contestes con la mayor honestidad y transparencia posible.

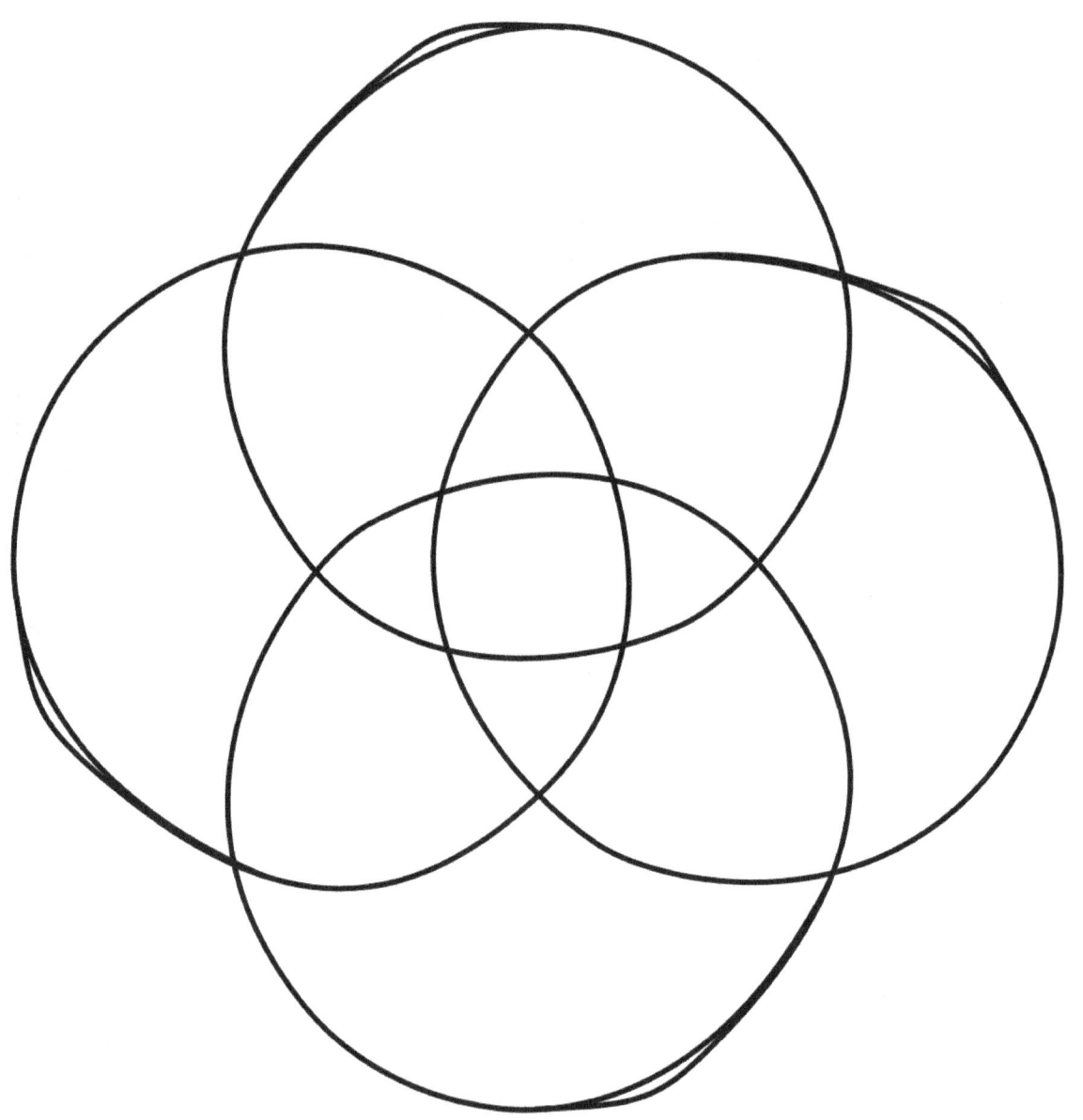

IMAGINA CUATRO ESFERAS EN UNIÓN

El Diagrama de Venn no es la única forma de comprender estos conceptos, pero ayuda a organizarlos de modo visual; así que te invito a que tomes una hoja en blanco y dibujes cuatro círculos o esferas, que se sean del mismo tamaño, equidistantes, y que se toquen en el centro.

Dibuja los círculos lo más grande que se pueda para que puedas escribir dentro de ellos. Si es necesario, utiliza cuatro páginas en blanco. Si lo haces en la computadora, tableta, pizarra o teléfono podrás hacer estos círculos aún más grandes.

De preferencia que se vean así como a la izquierda.

LO QUE AMAS

En el círculo superior, escribe lo que amas hacer, lo que más disfrutas, lo que te fascina.

INCLUYE:
- Todo lo que te da una inmensa alegría.
- Las cosas que te dan más paz y que sientes armonía cuando las haces.
- Lo que puedes hacer por la mañana, por la tarde y por la noche, sin importar qué día y hora es.
- Aquello que al hacerlo, pierdes noción del mundo alrededor.

EVITA:
- El juicio y la ridiculización de otros. Si lo que quieres escribir no llega a los "estándares" de otros, ¡qué más da!
- La opinión de los demás acerca de si "se puede vivir de eso" o no. Ojo: no estoy preguntado qué opina tu familia de esto que tanto te gusta.
- Tampoco te critiques diciendo: "me gusta pero no soy tan buena"; esa no fue la pregunta, es qué te encanta hacer, qué amas.

EJEMPLOS:
- *Estar en el agua.*
- *Andar en moto los fines de semana.*
- *Leer un buen libro.*
- *Llevar la contabilidad de mi empresa.*
- *Tomar una siesta.*
- *Convivir con mi familia el día entero.*
- *Tocar el piano.*
- *Dar Coaching.*

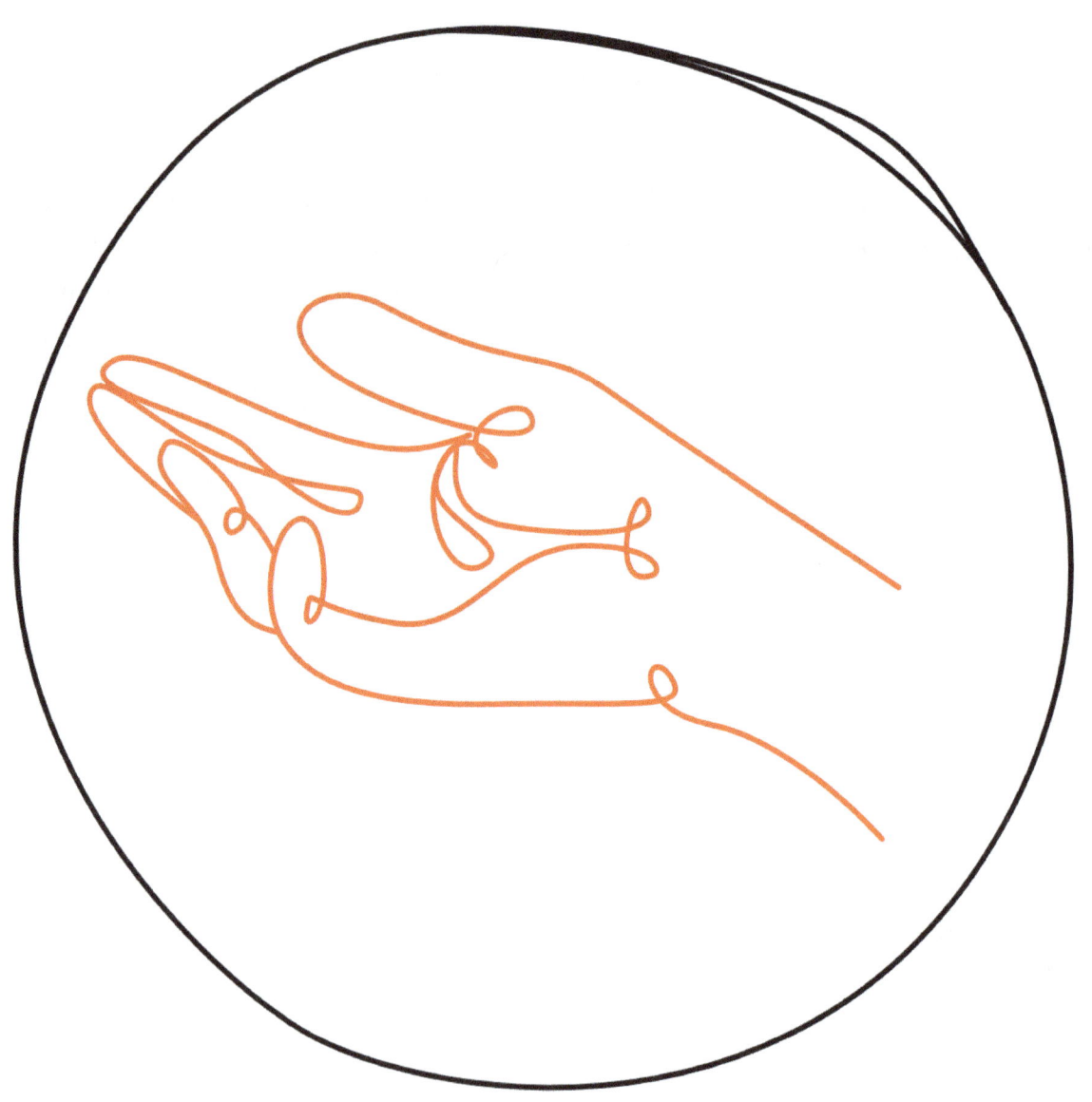

LO QUE EL MUNDO NECESITA DE TI

En el círculo a la derecha, escribe qué crees que el mundo necesita de ti. Lo que tu comunidad te pide, tu aportación personal, el valor que agregas con tus talentos, aptitudes y virtudes.

INCLUYE:
- Aquello que sientes que es tu "llamado".
- Lo que otras personas te dicen: "eres buenísima en X o Y… deberías dedicarte a eso"
- Lo que los demás te dicen que "deberías hacer_____".
- Lo que la gente ve CLARAMENTE en ti. (Aunque tu no lo veas o hayas visto.)

EVITA:
- Tu propio juicio y paradigmas.
- Tu dura opinión acerca de si lo que el mundo espera de ti, es algo de lo que eres capaz.
- Tu intransigencia y tu poca flexibilidad para escuchar lo que te dicen.
- La opinión de tu familia sobre si les beneficia o no.

¡Ojo!
El Universo tiene modos de hablarte. ¡Este es uno de ellos! **Las señales son claras.**

EJEMPLOS:
- *Deberías montar un restaurante.*
- *Deberías escribir un libro sobre tu vida.*
- *Deberías iniciar tu propio negocio.*
- *Deberías abrir una escuela.*
- *Deberías ir de viaje y ayudar a otros, a: x, y, z.*

LO QUE TE GENERA UN INGRESO

En el círculo inferior, escribe todo aquello que te puede generar un ingreso. Opciones para ganar el capital necesario que sostenga tus ideas, proyectos, sueños. Ideas para ganar dinero.

INCLUYE:
- Cosas que estás dispuesta(o) a hacer para generar recursos económicos.
- Tu creatividad para hacer cosas que los demás no saben o pueden hacer.
- Ideas sobre qué vender: productos, servicios, acciones, etc. ¡Siempre hay algo!
- Lo que sea que esté dentro de tus posibilidades sin dañar tu integridad.

EVITA:
- Tu crítica acerca de si aquello deja poco o mucho dinero; no se trata del dinero en sí, sino de vivir.
- Las voces de tu familia opinando acerca de lo que es negocio, y lo que no.
- Ser convencional. No te acomodes o ajustes a los demás, ni trates de cumplir las expectativas de la sociedad y tu cultura.
- Pensar en cantidades específicas de "cuánto tendrías que vender", se trata de descubrir posibilidades para ganar.

EJEMPLOS:
- *Traducir documentos.*
- *Llevar a los perros de la cuadra a pasear.*
- *Hacer galletas y venderlas.*
- *Cuidar niños el fin de semana.*
- *Lavar autos y podar el jardín.*
- *Impartir cursos y talleres sobre multiculturalismo.*
- *Se vale incluir tu trabajo actual si quieres. (Ah pero no basta que te guste, debe enamorarte, fascinarte.)*

LO QUE HACES REALMENTE BIEN

En el cuarto círculo a la izquierda, escribe todo aquello que sabes hacer realmente bien. Coloquialmente para lo que eres "un buenazo" o "una buenaza".

INCLUYE:
- Lo que te sale bien ya sea porque desde temprana edad empezaste o porque lo aprendiste y practicaste mucho
- Cosas que te salen muy bien; ahí donde sale a flote tu interés y tu predisposición genética
- Aquello que para ti es muy fácil, pero para los demás es como ir a la luna … ¡esos son tus dones!
- Tus habilidades, tus fortalezas, tus aptitudes.

EVITA:
- Las cosas que te gustan mucho y crees que por eso te salen bien con práctica.
- Tu propio juicio respecto a si puedes vivir de eso, si vale la pena.
- Tu crítica personal sobre si es cierto que lo haces realmente bien (cuidado con el Síndrome del Impostor).
- Filtrar esta lista con cosas relacionadas al ingreso, o a lo que los otros quieren de ti.

EJEMPLOS:
- *Soy una excelente vendedora.*
- *Puedo explicar de una manera simple algo que es complicado.*
- *De una idea puedo hacer todo un programa.*
- *Conduzco el auto muy bien y lo puedo hacer por horas.*
- *Hablar varios idiomas y traducir.*
- *Llevar las cuentas y la organización de un evento.*

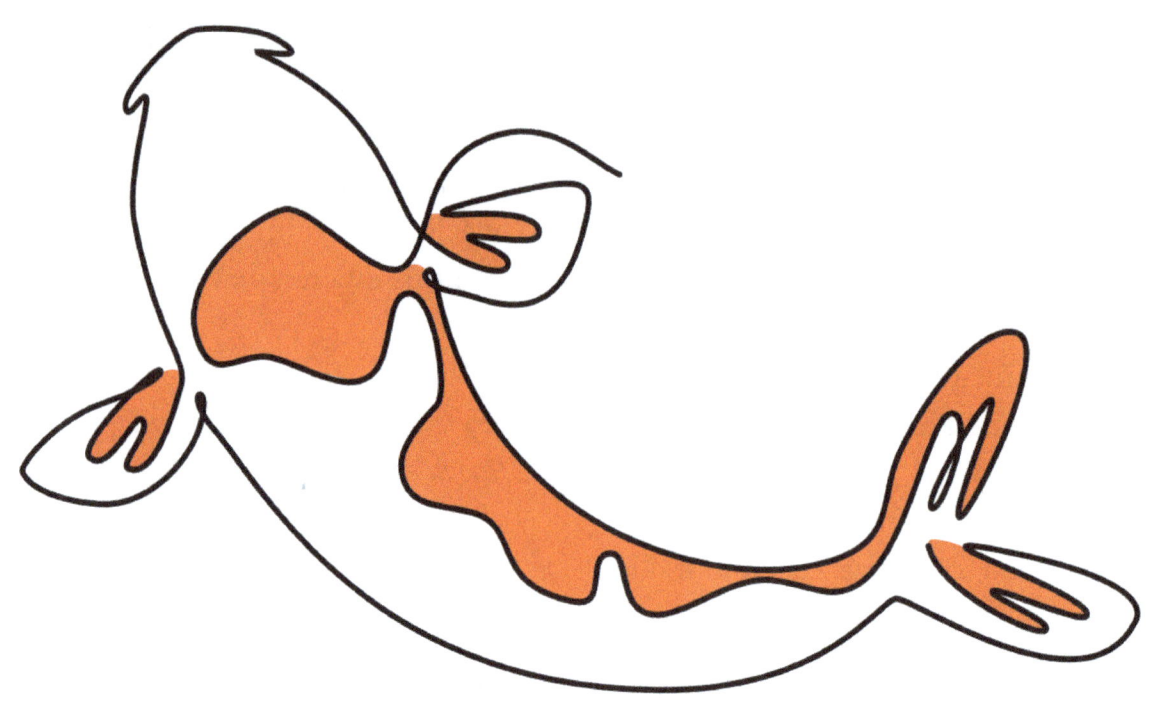

¡AHÍ ESTÁ!

¿Te imaginas que estas cuatro esferas se encuentren en el centro?
Eso que está en medio, ese punto donde todo se conecta, se llama IKIGAI.

Ahora tu reto es descubrir los puntos de convergencia de lo escrito dentro de los círculos. A veces lo que hemos anotado tiene "coincidencias" y por algún motivo mágico, encuentras las cosas en común. Solo recuerda que **nada es casualidad**.

Aquí tienes un ejemplo:
Quizá amas el arte, y la gente te pide que hagas diseño gráfico, eres un máster del diseño. Todo esto se encuentra en el centro de modo claro, tu misión, tu profesión, tu vocación y tu pasión se encuentran, tú te dedicas todos los días a crear arte y vives de ello bastante bien. Qué alegría y ¡qué felicidad!

Tal vez te apasione hacer pasteles, te quedan deliciosos y el mundo quiere más. Disfrutas tremendamente cuando reconoces y festejas los logros y fechas importantes de las personas. A ti te pagan por crear obras de ingeniería y eres un profesional de la arquitectura. Te preguntarás ¿qué tiene que ver todo eso?

Imagínate que rompes barreras, que inventas tu propio destino a través del arte, que de modo creativo e innovador cambias tu forma de vivir. ¡Ahora haces pasteles con formas arquitectónicas increíbles y te pagan muchísimo!

SIEMPRE puedes encontrar tu propósito y ayudarles a otros a hacerlo. La cuestión es cuándo. No te esperes a tener 60, 70, 80 ó 90 años, y en tu lecho de muerte decir: "siempre quise hacer esto", o "yo quería ser x o y". No, por favor ¡HAZLO HOY! Ahora que tiene sentido, que puedes alinearte a tu centro, que tienes la energía, que has experimentado el despertar de tu conciencia.

BIENVENIDOS AL CAMINO DE LA FELICIDAD

Conclusión:

- Cuando lo que amas y lo que el mundo necesita de ti se juntan, se llama tu MISIÓN.
- Cuando lo que el mundo necesita de ti y lo que te genera un ingreso se juntan, se llama tu VOCACIÓN.
- Cuando lo que te genera un ingreso y lo que haces realmente bien se juntan, se llama tu PROFESIÓN.
- Cuando lo que haces realmente bien y lo que amas se juntan, se llama tu PASIÓN.
- Y cuando todo se junta, se llama TU PROPÓSITO.

De ahora en adelante, sigue tu propósito de vida. Guíate de ello como una brújula hacia tu Norte.
Cuando tengas que tomar una decisión, utiliza tu Ikigai como a un consejero, y todo lo que has escrito como tu nuevo mapa.

Si UNA de estas esferas no se cumple, la respuesta deberá ser "no gracias".
Si haces esto, jamás te perderás.

Vive intensamente y con claridad; de esa manera, encontrarás serenidad y armonía donde quiera que estés.

ACERCA DEL AUTOR

Minué Yoshida es una empresaria multilingüe, mitad mexicana y mitad japonesa, autora y Mujer Maravilla. Su misión es ayudar a las personas a descubrir quiénes son, de qué son capaces, cuál es su vocación y abrazar sus poderes con valentía.

A través de sus servicios de coaching y consultoría, tanto en empresas de la lista Fortune 100 como en su negocio internacional, permite a aquellos que están listos llegar al siguiente nivel; ya sea rompiendo barreras, o lanzando sus propios negocios.

Desde México, Brasil, Puerto Rico y Argentina, hasta Dubái y de vuelta a los Estados Unidos, ha sido la "catalizadora" del cambio para más de 50 mil individuos en las últimas tres décadas. Su campo es la Psicopedagogía, sigue la Filosofía KAIZEN de mejora continua, y es experta en Aprendizaje Experiencial.

Ha sido llamada disruptiva, inadaptada e intensa; esto alimenta su deseo de enseñar a otros para hablar en público y a abrazar su cultura, creando conexiones significativas y encendiendo posibilidades para lograr resultados permanentes en las áreas de Diversidad, Equidad e Inclusión.

Minué es la CEO y cofundadora de *Yoshida Academy*, donde expertos en Habilidades de Liderazgo, Excelencia y Transformación Personal, expanden sus servicios a un público muy amplio en los Estados Unidos y en todo el mundo.

www.ingramcontent.com/pod-product-compliance
Lightning Source LLC
Chambersburg PA
CBHW060411010526
44107CB00006B/650